COLLECTION
FICHEBOOK

JOACHIM DU BELLAY

Les Regrets

Fiche de lecture

Les Éditions du Cénacle

© Les Éditions du Cénacle, 2020.

1 rue Honoré - 93500 Pantin.

ISBN 978-2-36788-691-6

Dépôt légal : Juin 2020

Impression Books on Demand GmbH

In de Tarpen 42

22848 Norderstedt, Allemagne

SOMMAIRE

- Biographie de Joachim du Bellay................ 9

- Présentation des *Regrets*........................... 15

- Résumé du recueil...................................... 19

- Les raisons du succès................................. 51

- Les thèmes principaux................................ 55

- Étude du mouvement littéraire.................... 59

- Dans la même collection............................. 51

BIOGRAPHIE
JOACHIM DU BELLAY

Joachim du Bellay, à prononcer « Jo-a-chin », naît en 1522, au château de La Turmelière, près de Liré. C'est le dernier des trois enfants qu'eurent son père – Jean du Bellay, seigneur de Gonnort, issu de la branche aînée d'une famille très ancienne, qui prétend remonter à Hugues Capet – et sa mère – Renée Chabot, dont le père est seigneur de La Turmelière et de Liré : René, Catherine et Joachim. Sous le règne de François Ier, quatre cousins du père de Joachim illustrent la branche cadette de la famille : deux capitaines et diplomates, Martin et Guillaume, auteurs de *Mémoires*, qui s'illustrent dans les armes, et deux prélats, René et Jean, respectivement évêque du Mans et évêque de Paris, puis cardinal. Jean du Bellay surtout jouera un rôle important pour Joachim. Son père meurt en 1523 et sa mère en 1531. René, l'aîné, devient alors son tuteur, mais il le néglige, comme son éducation. Il semble que Joachim ait alors eu une enfance triste et solitaire à La Turmelière.

Étant de la branche cadette de la famille, il ne peut prétendre à vivre sur ses terres. Commence alors sa recherche d'un « état », pour tenir sa place dans le monde, mais surtout pour pouvoir subvenir à ses besoins. Il souhaite se consacrer à la carrière des armes, sous l'égide de son cousin Guillaume du Bellay, mais la mort de ce dernier en 1543 met un terme à cette idée. La même année, au Mans, Du Bellay rencontre Ronsard et Peletier du Mans, dans la cathédrale où René célèbre les obsèques de son frère. Du Bellay se tourne alors vers la carrière ecclésiastique, comptant sur le crédit de Jean du Bellay, son autre cousin prélat. De 1545 à 1546, il fait des études de droit à Poitiers, où il rencontre Muret, Salmon Macrin, et à nouveau Jacques Peletier du Mans et Ronsard.

À l'automne 1547, Du Bellay entre au collège de Coqueret à Paris, et il y retrouve Ronsard. Il fait également la connaissance de Jean-Antoine de Baïf, avec lequel il se lie d'amitié.

En 1549, au printemps, paraît la *Défense et illustration de la langue française*. Ce texte est comme un manifeste du groupe que lui et Ronsard viennent de former, la « Brigade ». Ce groupe prendra en 1553 le nom de la « Pléiade ». Du Bellay fait également paraître la même année un recueil de cinquante sonnets, *L'Olive*.

En 1550, il est atteint d'une tuberculose pulmonaire et souffre d'une surdité précoce, qui s'aggravera en 1552. Mais il se consacre toujours à l'écriture : un an après la première édition de *L'Olive* en paraît une seconde, où soixante-cinq sonnets sont ajoutés.

En 1551, son frère, René, meurt. Du Bellay devient alors le tuteur de son fils, le neveu de Joachim, et entre en procès avec Magdelon de la Roche, au sujet de la terre d'Oudon, que René aurait acquise de façon douteuse, ou encore avec le connétable Anne de Montmorency. Il participe la même année au Tombeau de Marguerite de Valois, reine de Navarre. Il se lie d'amitié avec Etienne Jodelle, Rémy Belleau, tous deux élèves de Muret, qui est devenu humaniste, et avec Pontus de Tyard.

En février 1552 paraît la traduction du quatrième livre de l'*Enéide*, la Complainte de *Didon à Enée prise d'Ovide*, suivie des *Œuvres de l'invention de l'Auteur*.

En mars 1553 est rééditée la *Défense*. Le mois suivant, Joachim, toujours sans état, part avec son cousin Jean du Bellay pour Rome. La mission du cardinal Jean du Bellay est de défendre les intérêts d'Henri II, en guerre contre Charles Quint, auprès du pape Jules III, à Rome. Joachim espère l'aider dans cette tâche, mais également se voir pourvu de bénéfices ecclésiastiques. À Lyon, il rencontre Maurice Scève, Pontus de Tyard et Guillaume des Autels, poètes. Arrivé à Rome en juin, il y restera quatre ans. À l'enthousiasme de ses premiers espoirs succèdent vite les désillusions. Rome n'est pas la ville qu'il imaginait, capitale spirituelle et « atemporelle », siège de la chrétienté d'Occident et étape obligatoire des humanistes, magnifiée par les ruines. Elle est au contraire corrompue et débauchée. De plus, pour aider son cousin, il se contente de tenir l'intendance de son palais à Rome, et de la centaine de personnes qu'entretenait Jean. Plus son séjour avancera, plus il sera nostalgique de sa terre natale, la terre « angevine ». Mais il ne sera pas non plus totalement malheureux. Ses talents de gestionnaire sont reconnus et lui servent grandement. Il a enfin une vie aisée, et du temps libre pour se consacrer à l'écriture et aux visites des ruines de Rome. Il a d'ailleurs le temps de composer quatre recueils, qu'il achèvera et publiera dès son retour en France. À Rome, il rencontre également des amis, comme Louis de Bailleul, Etienne Boucher, Gilbert, Olivier de Magny ou encore Rémy Belleau, et il s'en fait de nouveaux, des humanistes romains, comme Basile Zanchi, Lorenzo Gambara ou Antoine Carraciolo.

En 1555, Jean du Bellay tombe en disgrâce auprès de Paul IV. Deux ans plus tard, le Duc d'Albe assaille Rome. Joachim du Bellay quitte Rome, par mer puis par terre. Il revient à Paris en 1558, pourvu de plusieurs bénéfices ecclésiastiques, aussi riche que Ronsard. Il est alors totalement sourd. La même année, il publie ses quatre recueils : en janvier, *Les Regrets* et les *Divers Jeux rustiques* ; en mars *Les Antiquités de Rome* et le *Songe*. Il publie également d'autres écrits, dont, en novembre, les Poemata. Du Bellay devient vicaire général du cardinal, ce qui lui permet d'avoir trois mille livres de rente avec tous ses bénéfices, un important revenu.

En 1559, le 31 juillet, il écrit deux lettres au cardinal Jean du Bellay pour se justifier auprès de lui de certains sonnets des *Regrets* qui l'ont fâché. En effet, certains sonnets déplorent plus ou moins ouvertement le délabrement de la vie religieuse à Rome, ce qui n'était pas sans compromettre la position du cousin de Joachim. Six mois plus tard, le 1er janvier 1560, Du Bellay est retrouvé mort chez Claude de Bizé, emporté par une apoplexie. Aucun membre de la Pléiade ne donnera de poème pour le recueil destiné à honorer sa mémoire, son « Tombeau ». Mais des humanistes le feront : Adrien Turnèbe, Claude d'Espence, Hélie André Léger du Chesne et Claude Roillet.

PRÉSENTATION DES REGRETS

« Heureux qui, comme Ulysse, a fait un beau voyage » s'exprime Joachim Du Bellay, dans l'un des sonnets les plus célèbres du recueil des *Regrets*, qui est publié en 1558 par Frédéric Morel, imprimeur, avec privilège du roi. Ce recueil est tout de suite un succès. De nombreux contemporains avaient pu, avant sa publication, se rendre compte de l'originalité du projet poétique de Joachim, et s'en inspireront. Voilà comment le sonnet triomphe en France. Certes, Du Bellay n'est pas le seul à le pratiquer, mais il l'utilise d'une manière qui lui assure forcément un grand succès : il en fait une forme parfaitement adaptée à la satire. Le succès de ce recueil se mesure alors bien plus à l'aune de ses émules que par rapport aux nombres d'exemplaires écoulés. Mais en même temps, il assume pleinement son héritage passé. D'Ovide qui, exilé, se lamente sur le bord de son « rivage barbare », à Erasme, qui voyage en Europe, Du Bellay s'inscrit dans une tradition héritée de l'*Odyssée*. Si lointain, et pourtant si proche de nous, ce recueil est le chef-d'œuvre de Du Bellay. Ce n'est pas pour rien que Ridan put mettre en chanson, en 2007, le sonnet XXXI de Du Bellay, où ce dernier avoue préférer « plus que l'air marin la douceur Angevine. »

RÉSUMÉ DU RECUEIL

Plusieurs thèmes se dégagent, qui sont communs à plusieurs poèmes :

- Un découpage thématique des sonnets est possible : Du Bellay expose d'abord l'orientation du recueil, dans les trois premiers sonnets « *Ad Lectorem* », « À Monsieur d'Avanson » et « À son livre ». Puis il consacre les cinq sonnets qui suivent à la définition du nouveau genre littéraire qu'il invente, un projet poétique original. Ensuite figurent quarante-sept sonnets élégiaques – les sonnets 6 à 49 –, suivis de cent-sept sonnets satiriques – les sonnets 50 à 156 –, et de 36 sonnets de louange – les sonnets 156 à 191. Mais ce découpage n'est pas tout à fait net. Le sonnet 87, par exemple, bien que dans le groupe des sonnets satiriques, a des accents élégiaques.

- Un second thème serait celui des interlocuteurs. Du Bellay se sentant comme exilé, il ne peut manquer d'établir une certaine « correspondance » avec ses amis, en France, ou à Rome. C'est ainsi qu'il s'adresse à plusieurs personnes dans ses sonnets :

1. À Ronsard dans les sonnets 8, 10, 20, 22, 23, 26, 98, 140, 147, 152 et 181
2. À Morel dans les sonnets 18, 33, 34, 36, 39, 85, 105, 111, 131, 146 et 183
3. À Dilliers dans les sonnets 35, 50, 62, 77, 116, 129 et 139
4. À Vineus dans les sonnets 42, 43, 46, 47, 124, 132 et 177
5. À Gordes dans les sonnets 53, 61, 73, 75, 89, 92 et 144
6. À Paschal dans les sonnets 2, 66, 81, 102 et 188
7. À Magny dans les sonnets 12, 67 et 133

8. À Baïf dans les sonnets 24, 56 et 154
9. À Dagaut dans les sonnets 57, 113 et 115
10. À Bizet dans les sonnets 64, 136 et 143
11. À Belleau dans les sonnets 71, 135 et 145
12. À D'Avanson dans les sonnets 160, 164 et 165
13. À Marguerite de France dans les sonnets 174, 175 et 176
14. À Mauny dans les sonnets 51 et 87
15. À Peletier dans les sonnets 78 et 189
16. À Duthier dans les sonnets 82 et 163
17. À Bouju dans les sonnets 90 et 184
18. À Ursin dans les sonnets 100 et 112
19. À Melin dans les sonnets 101 et 178
20. À Dorat dans les sonnets 130 et 179
21. À Jodelle dans les sonnets 153 et 180
22. À Clagny dans les sonnets 157 et 158
23. À Boucher dans le sonnet 14
24. À Panjas dans le sonnet 15
25. À Nicolas Denisot dans le sonnet 21
26. À Lahaye dans le sonnet 28
27. À Bailleul dans le sonnet 30
28. À Maraud dans le sonnet 54
29. À Montigné dans le sonnet 55
30. À Pierre dans le sonnet 59
31. À Gohory dans le sonnet 72
32. À Robertet dans le sonnet 83
33. À Doulcin dans le sonnet 97
34. À Gillebert dans le sonnet 106
35. Au roi dans le sonnet 119
36. À Sebillet dans le sonnet 122
37. À Carle dans le sonnet 128
38. À Marseille dans le sonnet 134
39. À Scève dans le sonnet 137
40. À De Vaulx dans le sonnet 138

41. À Cousin dans le sonnet 142
42. À Des Masures dans le sonnet 148
43. À Thiard dans le sonnet 155
44. À Diane de Poitiers dans le sonnet 159
45. À Bertrand dans le sonnet 161
46. À Olivier dans le sonnet 162
47. À Poulin dans le sonnet 166
48. À De L'Hospital dans le sonnet 167
49. À De Guise dans le sonnet 168
50. À Coligny dans le sonnet 169
51. À Marie Stuart dans le sonnet 170
52. À François II dans le sonnet 172
53. À Jeanne d'Albret dans le sonnet 173
54. À Gournay dans le sonnet 182
55. À Forget dans le sonnet 185
56. À Pierre du Val dans le sonnet 186
57. À Buchanan dans le sonnet 187
58. À Henri II dans le sonnet 191

Mais comme ce qui caractérise ces sonnets sont aussi les adresses à ce que l'on peut moins identifier, Du Bellay s'adresse à deux seigneurs qu'il ne nomme pas dans les sonnets 60 et 114, à des inconnus dans les sonnets 41, 70, 76 et 151, aux divinités et à des personnifications dans les sonnets 9, 44, 45, 93, 96, 126, et 171, à des « catégories sociales » dans les sonnets 65, 91 et 149, et, enfin, à Dieu dans le sonnet 52, à un passant dans le sonnet 104 et à un ami dans le sonnet 141.

- La poésie a, parmi ses ressources, la comparaison. Et ce recueil s'en sert beaucoup. Très nombreuses, elles concernent surtout des personnages mythologiques ou historiques, voire des personnifications. Les sonnets 7, 10, 13, 17, 19, 23, 26,

31, 36, 40, 41, 42, 50, 51, 56, 62, 64, 70, 77, 88, 89, 93, 97, 103, 104, 106, 108, 111, 112, 114, 125, 128, 130, 134, 147, 148, 159, 166, 167, 170, 172, 174, 176, 177, 188, 190 et 191 en sont de bons exemples. Mais Du Bellay s'en sert également pour se positionner par rapport aux autres poètes de son temps. Ronsard, d'abord, est l'éternel premier. Joachim se compare à lui et à sa poétique dans les sonnets 3, 16, 22, 152, 156 et 184. Il se compare également à d'autres auteurs, comme les sonnets 16 et 57 le montrent : Morel au sonnet 34 ; Sébillet au sonnet 122 ; Thiard au sonnet 155 ; Belleau, Baïf, Peletier et Jodelle au sonnet 156, les mauvais auteurs au sonnet 183, Buchanan au sonnet 187 et Peletier à nouveau au sonnet 189. Mais *Les Regrets* sont également un moyen pour Du Bellay d'évoquer la différence entre Rome, la France, Paris et ailleurs, entre ce qui a été et ce qui est désormais. Ces comparaisons spatiales et temporelles sont visibles dans les sonnets 6, 7, 13, 19, 31, 32, 37, 83, 99, 115, 138, 169, 178, 185 et 190. D'autres figures de comparaison, plus isolées, pourraient encore être mises en lumière. La plus importante d'entre elles serait la comparaison entre le poète ou la poésie et autre chose : soit d'autres arts, soit d'autres poétiques, soit d'autres situations, soit encore d'autres métiers ; comparaisons visibles dans les sonnets 12, 21, 32, 104, 148, 149, 152, 153, 154, 157, 158 et 173. Et la comparaison même utilise, entre autres, les balancements, ces derniers étant mis en valeur par et pour eux-mêmes dans les sonnets 8, 39, 46, 51, 56, 58, 63, 70, 76, 78, 126 et 146.

- Mais la dernière série de comparaison permet de mettre en lumière un élément important des *Regrets* : la condition de poète. Si Du Bellay se plaint, ou se flatte d'être poète, il n'en reste pas moins qu'il réfléchit à la condition de poète, que ce soit la sienne, ou celle du poète en général. Dans un siècle où les poètes ont encore besoin de protecteurs pour subvenir à leurs besoins, être poète n'est pas toujours facile. Presque tous les sonnets évoquent donc cette condition.

- Même si son séjour à Rome était nécessaire, et même s'il n'était pas si terrible que Du Bellay l'affirme, il a pu se montrer pénible par certains aspects, et en particulier par l'impression qu'il a eu d'être en exil. Les sonnets 8, 9, 19, 28, 30, 33, 36, 37, 40, 41, 42, 50, 69, 79, 84, 90, 93, 96, 99, 113, 122, 123, 124, 128, 129 et 130 développent ce sentiment.

- Mais Du Bellay n'est pas décidé à ne rien faire à Rome. Non seulement l'intendance, dont il parle dans les sonnets 15, 18, 24, 46, 49, 61, 68, 83, 84, 85, 115, 122 et 130, l'occupe beaucoup, mais encore ne veut-il nommer ce qu'il écrit que par « papiers journaux » dans le sonnet 1, c'est-à-dire qui est écrit au jour le jour. Il en profite donc pour décrire la vie de Rome, en ne lésinant pas sur le catalogue des vices, et pour montrer comme la ville le dégoûte de plus en plus. Les sonnets 50, 59, 72, 73, 76 à 83, 86, 92, 94, 97 à 116, 118 à 127, 131, 148, 181 et 185 développent cette vie de Rome. Les vices de Rome se retrouvent dans ses précédents sonnets, auxquels il faut ajouter le sonnet 63.

- Et à la façon dont la vie se déroule à Rome répond la façon dont la vie se déroule en France : c'est ainsi que Du Bellay fait également une sorte de « papier journal » de la vie de France, quand il y retourne, dans les sonnets 137 à 147, 149 à 154 et 157 à 191, dont certains s'accompagnent également de commentaires plus ou moins sévères sur la vie de la cour.

- Si la France semble sauvée par Du Bellay, il n'en reste

pas moins que, comme Rome, elle est rongée par des vices. Ainsi, les sonnets 71, 73, 75, 80, 82, 95, 97, 101, 102, 105, 106, 108, 109, 112 à 115, 118, 121, 123, 127, 131, 132, 134, 136, 138 à 142, 144, 145, 147, 150, 179 et 190 en présentent plusieurs, et certains sonnets les évoquent plus particulièrement : les sonnets 65 à 68 et 75 visent la pédanterie, les sonnets 67, 71, 73 et 75 les hypocrites, le sonnet 81 le vice du jeu et les sonnets 90, 92, 97 à 100 et 131 s'en prennent aux prostituées et aux rapports que les prélats entretiennent avec elles, à Rome. Du Bellay se permet même, dans le sonnet 90, de montrer à quel point les femmes angevines sont supérieures à celles de Rome.

- Joachim Du Bellay saisit également l'occasion de son voyage pour écrire des sonnets qui en parlent, comme les sonnets 26, 31, 34, 128, 129, 132 à 138 et 185.

- Dans un contexte politique troublé, et Rome étant l'un des enjeux d'alliances et de mésalliances stratégiques, Du Bellay ne peut éviter des réflexions sur la guerre et la paix, dans les sonnets 116, 123 à 126 et 190.

- En tant que « poète courtisan », Du Bellay cherche à louer ses protecteurs. L'un des moyens qu'il utilise dans ses *Regrets* est l'établissement d'une sorte de galerie de portraits moraux, que constituent les sonnets 54, 58 et 157 à 191.

- Enfin, Du Bellay, protégé par Marguerite de France, la remercie gracieusement, dans les sonnets 174 à 190.

- « *Ad Lectorem* » : Du Bellay avertit le lecteur que son recueil a plusieurs tonalités, qu'il exprime par l'art de la table. Son recueil mêle l'amertume à la douceur.

- À Monsieur d'Avanson : Après un quatrain où il tient à s'excuser si ses sonnets ne sont pas bons, Du Bellay évoque le moment où il a écrit ce recueil, et il en profite pour comparer la peine qu'il a eue et qu'il a cherchée à exorciser en rédigeant ses poèmes avec d'autres situations douloureuses : celle du berger, du rameur ou même d'Achille, lorsque Briséis lui fut enlevée. La poésie est pour Joachim le seul moyen d'échapper à la tristesse de ce qui ressemble à un bannissement. S'il s'agit là de son seul exutoire, c'est parce que sa carrière poétique était depuis longtemps prévue, et dès son enfance, il sentait qu'elle l'appelait. La Muse de la poésie l'a désigné, et il ne peut rien y faire, si ce n'est écrire, et ce recueil en particulier mêlera la douceur à la douleur. Enfin, il termine en s'adressant au conseiller du roi en le louant et en le priant de bien vouloir accepter son recueil.

- À son livre : dans cette adresse à son recueil, Du Bellay souhaite qu'il ait beaucoup de succès, et que ceux qui reconnaîtront sa valeur soient heureux, alors que ceux qui le dénigreront soient malheureux.

- 1 : Du Bellay affirme ne pas vouloir réaliser de grandes compositions littéraires, mais plutôt écrire une poésie intime, qui partagerait son quotidien, ses joies, ses peines et ses secrets.

- 2 : dans ce sonnet, Du Bellay définit une des facettes de son projet poétique : une poésie à mi-chemin entre la prose et le vers, une poésie « moyenne », « médiocre », que ceux qui s'en moqueront, en la croyant facile, ne pourront tout de même pas imiter.

- 3 : Du Bellay confie que lorsqu'il était plus jeune, il avait plus de facilité dans l'art poétique. Mais maintenant qu'il est plus vieux, et qu'il a dû trouver un état qui demande beaucoup d'investissement, il est réduit à faire une poésie de moindre envergure que celle de Ronsard.

- 4 : Du Bellay parle de son projet poétique, en se démarquant des précédents grands poètes par la négative. Il veut une poésie qui s'accorde avec des capacités et des sujets « bas », ceux des sentiments du poète.

- 5 : Du Bellay énumère les tâches que peuvent remplir ceux qui ont un goût ou une position particulière. Tous doivent partager leur originalité par une forme qui fait appel au mot, à l'écrit ou à l'oral. Du Bellay se cite en dernier, en disant qu'il ne peut exprimer que son malheur.

- 6 : Du Bellay compare sa situation passée avec sa situation présente : avant, tout comme il méprisait le sort, il était maître de sa poésie et composait selon son bon vouloir. Désormais, il craint le sort, et a du mal à écrire ses poèmes.

- 7 : Du Bellay se flatte que Marguerite de France ait lu ses poèmes ; mais elle ne peut plus le faire puisqu'il a du mal à écrire. Il compare alors sa situation à celle d'un prophète : la Sibylle de l'*Enéide* de Virgile. Elle ne pouvait parler que lorsque le dieu qu'elle sert la possédait ; Du Bellay ne peut écrire que lorsqu'il sait qu'une personne de très haut rang attend de beaux poèmes de sa part. C'est ainsi qu'il peut dire que les arts sont liés à la politique.

- 8 : Du Bellay apprend à Ronsard combien ce dernier a de la chance d'être resté en France, car il est ainsi encouragé dans ses superbes poèmes. Mais Joachim se sent bien seul, et l'environnement qui l'entoure ne lui laisse que de froides impressions.

- 9 : Du Bellay s'adresse à la France pour lui conter qu'il se sent seul et rejeté, car elle ne répond pas à ses appels, et qu'il erre seul, dans un environnement hostile.

- 10 : Du Bellay raconte qu'à force de tristesse, due à la captivité dans un pays où le français ne se parle guère, il se met à parler et à écrire en latin.

- 11 : Du Bellay énumère toutes les raisons pour lesquelles

il est difficile d'être poète avant de proclamer qu'il veut pourtant continuer coûte que coûte son œuvre de poésie : il n'y a qu'ainsi qu'il se sent mieux, et il y a déjà consacré plusieurs années.

- 12 : Du Bellay explique à Magny que s'il continue à faire de la poésie, malgré tout ce qui l'afflige, c'est qu'il peut ainsi amoindrir sa tristesse, et même l'oublier. Il compare alors sa réaction avec celle que d'autres ont, dans d'autres situations difficiles.

- 13 : Du Bellay affirme ne pas regretter d'avoir voué sa vie à la poésie : il y a laissé sa jeunesse, il y laissera sa vieillesse, la poésie agissant comme un médicament, contre le temps, contre des maladies.

- 14 : la poésie est pour Du Bellay un moyen de se sentir soulagé de toutes ses tâches du quotidien et des importuns.

- 15 : Du Bellay raconte à Panjas en quoi consiste sa tâche d'intendant de la maison de Jean du Bellay.

- 16 : Du Bellay rappelle que lui, Magny et Panjas sont bloqués à Rome, presque bannis, pendant qu'un autre homme, plus heureux, est resté en France : Ronsard, qu'il ne nomme pas.

- 17 : Du Bellay se lamente de n'être pas encore à l'abri du besoin : il ne peut pas se consacrer entièrement à la poésie, tandis que l'homme auquel il s'adresse peut sereinement s'y adonner : Ronsard, qu'il ne nomme pas.

- 18 : Joachim explique à Morel ce qu'il fait dans la maison de Jean du Bellay, en montrant qu'il n'a rien à faire là.

- 19 : Du Bellay se compare à Ronsard, qu'il ne nomme pas, qui peut écrire de la poésie et chanter les louanges du roi de France, alors que lui, seul, n'est entouré que par des ruines, qui sont loin du paysage qu'il pouvait connaître en Anjou.

- 20 : Du Bellay chante ici la gloire de Ronsard en lui

disant qu'il a réussi à accéder à la gloire de son vivant, ce qui est encore plus rare que d'accéder à la gloire après la mort.

- 21 : Du Bellay raconte qu'il n'est plus lui-même, puisqu'il a perdu toute force poétique. Il n'écrit plus que selon ce qu'il ressent, sans y mettre le style qui convient. Il n'est donc plus digne de la poésie, se présentant face aux autres poètes comme un peintre qui n'est rien face à Michel-Ange.

- 22 : Du Bellay affirme vouloir continuer à tout prix son œuvre poétique, puisque le bénéfice commence à arriver. Ainsi, il dit à Ronsard qu'il n'a plus d'excuses pour ne pas continuer *La Franciade* qu'il est en train de composer. Joachim, quant à lui, se contentera d'œuvres moins hautes, et d'un succès moins grand, condamné à rester dans l'ombre de Ronsard.

- 23 : Après une série d'interrogations, Du Bellay harangue Ronsard pour lui parler de sa *Franciade*, et se moquer en lui disant que tout est prêt, sauf l'œuvre elle-même.

- 24 : Du Bellay s'adresse à Baïf pour lui rappeler la chance qu'il a de n'être pas obligé de faire l'intendance d'une maison, ce que Joachim fait. Ainsi, Baïf peut se consacrer pleinement à la poésie.

- 25 : Du Bellay insiste sur son malheur et sur la mauvaise idée qu'il a eue de partir, alors même que des présages qu'il n'a pas écoutés l'avertissaient du danger.

- 26 : Du Bellay s'adresse à Ronsard pour lui confier que le chemin maritime qui conduit à Rome est plein de dangers, comparables à ceux qu'a traversés Ulysse.

- 27 : Du Bellay avoue qu'il n'a pas suivi son cousin par ambition, car il possédait déjà tous les honneurs qu'il pouvait demander, mais par devoir, et dévotion, ce qui ne l'empêche pas de souffrir.

- 28 : Du Bellay s'adresse à Lahaye pour lui dire ce qu'il en est de ce que ce dernier lui a confié, avant que Joachim parte. Mais il avoue que s'il a gardé les mêmes dispositions qu'avant, il a une nouvelle impression : celle d'être parti pour rien.

- 29 : Du Bellay compare deux situations qu'il n'aime pas : celle d'un homme qui reste enfermé chez lui sans jamais sortir, ou presque, et celle d'un homme qui voyage tout le temps, et ne sait rester en quelque endroit que ce soit.

- 30 : Du Bellay devise sur l'inhumanité de celui qui peut facilement s'habituer à l'étranger et ne jamais regretter sa terre natale. Même les animaux peuvent éprouver ce regret.

- 31 : Du Bellay chante la chance qu'ont pu avoir des voyageurs comme Ulysse ou Jason, de pouvoir rentrer après leur voyage. Joachim, lui, fait entendre sa nostalgie de la terre angevine, qu'il préfère à tout le luxe et toutes les richesses.

- 32 : Du Bellay confie qu'il avait de grands espoirs d'apprentissage et de loisirs au moment où il décida de partir pour l'Italie. Mais la réalité fut toute autre, et Joachim y perd son temps et son énergie.

- 33 : Du Bellay avoue à Morel qu'il ne sait plus quoi faire devant l'attente interminable du moment du retour en France. Il hésite, et ne sait pas s'il doit rester ou partir. Il en appelle alors à Morel pour le conseiller.

- 34 : Du Bellay décrit la sécurité de Morel comme celle d'un marin qui a échappé à la tempête, tandis que Joachim en est prisonnier, et sur le point d'être happé.

- 35 : Du Bellay énumère des situations où des objets, des animaux ou des êtres humains, pour les soulager de la peine qu'ils ont longtemps endurée, sont libérés de leurs devoirs. Mais Joachim ne voit pas la fin de sa peine, et renonce à espérer en être libéré un jour.

- 36 : Du Bellay raconte comment il a ressenti les trois années qu'il vient de passer à Rome, en les comparant à d'autres événements longs, et en se plaignant que le temps semble passer au ralenti.

- 37 : Du Bellay donne aux dieux la responsabilité de la fin de son bonheur à écrire de la poésie, chez lui, et de lui avoir interdit de vivre simplement et librement, en lui faisant gâcher sa vie et son talent.

- 38 : Du Bellay imagine comme une vie simple doit être préférable à celle qu'il mène : une vie où on ne voyage pas, où on n'a pas d'ambition démesurée, et où on ne dépend pas de trop nombreuses personnes.

- 39 : Du Bellay donne une liste de ce qu'il aime ou non, et de ce qu'il veut ou non, en précisant bien qu'il est obligé de faire l'inverse de ce que ses goûts lui dictent : il peut donc se présenter à Morel comme malheureux.

- 40 : Du Bellay compare sa situation à celle d'Ulysse, et à la fin, Joachim ne peut avoir autant de chances que l'habitant d'Ithaque.

- 41 : Du Bellay pleure ici la mort de quelqu'un qui lui était cher, et regrette d'être séparé de lui, en insistant sur la force de leur amitié.

- 42 : Du Bellay fait état de tous ses problèmes à Vineus : la vieillesse, la pauvreté, la tristesse, la perte de l'inspiration.

- 43 : Du Bellay énumère toutes les fautes qu'il aurait pu commettre, mais il précise bien qu'il n'en a commise aucune, ce qui suscite son étonnement face au malheur qui semble s'acharner sur lui.

- 44 : Du Bellay rappelle toutes les raisons pour lesquelles un homme peut être tranquille au moment de sa vieillesse, raisons qu'il partage. Il formule alors le vœu de pouvoir continuer ainsi.

- 45 : Du Bellay s'adresse à la nature pour lui demander pourquoi il se retrouve dans une situation où il perd son temps et son énergie, puisqu'il ne récolte pas les fruits de son travail.

- 46 : Du Bellay confie à Vineus qu'il a choisi le chemin de la probité, pensant qu'il en serait récompensé. Mais si le chemin qui récompense le plus, et le mieux, est celui qui lui est opposé, alors ses efforts seront inutiles.
- 47 : Du Bellay se plaint de la tristesse et du désespoir de sa situation et prend pour témoin Vineus. Et Joachim lui souhaite de ne jamais ressentir ce qu'il éprouve lui-même.
- 48 : Du Bellay aimerait pouvoir s'exprimer librement. Mais il ne le peut pas, et il en souffre énormément.
- 49 : Joachim évoque son service auprès de Jean Du Bellay et la difficulté de défendre son intérêt quoiqu'il arrive. Et comme Joachim n'est pas un assez puissant homme, il se contente de suivre son cousin et ses intérêts.
- 50 : Du Bellay confie à Dilliers son envie de fuir cette vie où le vice compte plus que la vertu, qu'importe le lieu qu'ils dussent atteindre. Ainsi, l'exil deviendrait plus un salut qu'une peine.
- 51 : Du Bellay s'adresse à Mauny et lui demande de s'accrocher à son sort, car il vaut mieux savoir ce qu'il peut advenir dans l'adversité, qu'espérer qu'il arrive quelque chose de bien dans un bon jour : la difficulté fait naître la constance, quand la facilité fait perdre toute force, tout mérite.
- 52 : Du Bellay médite sur la tristesse et les larmes, décrivant le processus qui les fait naître, et regrettant que les secondes ne soient le remède de la première.
- 53 : Du Bellay exhorte Gordes à vivre, ce qui, pour Joachim, passe par le contentement d'un bien présent plutôt que la recherche d'un plus grand bien peu sûr et changeant.
- 54 : Du Bellay loue Maraud pour sa sagesse et sa richesse ; une richesse « de cœur » car Maraud a su se contenter de ce qu'il avait. Joachim en tire une leçon de vie, laissant à Jean Du Bellay le soin des affaires, à Maraud celui des tâches moins importantes.

- 55 : Du Bellay interpelle Montigné pour lui faire voir que la promesse du bonheur que les dieux ont dû faire aux hommes contre leur culte n'est pas bien tenue. Il lui dit alors qu'ils devraient tenter une action en justice, mais face à la puissance des dieux, ils ne pourraient que s'opposer au malheur.

- 56 : Du Bellay s'adresse à Baïf pour lui dire qu'il n'est pas toujours bon de combattre, mais qu'il n'est également pas bon de trop se laisser faire : il faut garder un certain équilibre. Joachim achève en affirmant tourner le dos au sort et à ses aléas.

- 57 : Du Bellay confie à Dagaut qu'il leur manque, à lui, au Breton et à Gordes. Il compare ce qu'ils font et ce que Dagaut fait, ce dont il était question quand Dagaut était là et ce qui est d'actualité à présent, ne trouvant entre eux le réconfort qu'en se souvenant de lui.

- 58 : Du Bellay dresse là un portrait du Breton, qui a des qualités et des défauts. Et d'ailleurs, la paresse dont il est atteint contamine également Joachim.

- 59 : Du Bellay s'adresse à Pierre pour lui rappeler que s'il a l'air fatigué, ce n'est pas par trop de travail, c'est par monotonie. Il le prie alors de ne plus l'y faire penser, mais de lui raconter plutôt les bruits qui circulent dans Rome.

- 60 : c'est une sorte de sonnet censé accompagner l'envoi d'un autre sonnet, « l'Epitaphe d'un chat ». Dans ce sonnet 60, Joachim met en garde le seigneur auquel il l'envoie : il ne faut pas s'attendre à quelque chose de très haut et de très fort, mais de bas, et plutôt badin.

- 61 : Du Bellay réfléchit à l'argent et aux comportements qui l'accompagnent : celui qui veut emprunter se réclamera de l'amitié, mais lui-même ne prêterait pas ; il faut pouvoir prêter, mais pas trop, pour éviter que trop de personnes empruntent, car quand on n'a plus d'argent, on perd ses amis, et l'on n'a que des ennemis.

- 62 : Du Bellay commence par rappeler une pratique d'Horace : la satire. Il se moquait de n'importe quel vice en faisant rire. Joachim affirme alors faire la même chose, et ne pas se moquer pour le simple plaisir de la moquerie. Il achève en expliquant l'art de la satire à Dilliers.

- 63 : Du Bellay expose des points de vue à travers une figure humaine : un ami qui se dit fidèle changera de camp dès que la personne dont il se prétend ami sera en difficulté ; quelqu'un qui se vante d'être puissant n'est qu'un plaisantin ; celui qui prêche la guerre dans la religion, et la religion dans la guerre : aucune de ces personnes ne peut être ce qu'elle prétend.

- 64 : Du Bellay donne à Bizet des exemples qui prouvent que la bâtardise permet une plus grande force physique, morale et créatrice.

- 65 : Du Bellay attaque violemment un anonyme, en désignant ce que l'autre pourrait croire que Joachim sait. Et après avoir désigné tous ses défauts, il achève avec le pire : la pédanterie.

- 66 : Du Bellay prend à part Paschal, et lui donne quelques explications sur les pédants : autoritaires au-delà de la mesure, ils ressemblent aux rois. On peut d'ailleurs être pédant, si l'on ne peut être roi.

- 67 : Du Bellay interpelle Magny pour lui dire qu'il n'accepte pas les deux extrêmes qu'il commente : celui qui flatte l'homme dont il veut s'attirer les bonnes grâces et celui qui critique tout ce que fait un homme qu'il sait pourtant meilleur.

- 68 : Du Bellay fait une liste de tous les vices qu'il hait, chacun étant associé à une nation. Il n'aime d'ailleurs pas l'un de ses vices, et déteste surtout la pédanterie.

- 69 : Du Bellay s'attaque en représailles à une personne

inconnue, l'assurant qu'il peut se défendre, et même frapper plus fort. Et il offre son pardon, à condition que cette personne arrête ses calomnies.

- 70 : Du Bellay énumère des exemples connus de preuve d'amitié avant d'attaquer quelqu'un qui a oublié son amitié envers Joachim dès que ce dernier a été en difficulté. Du Bellay lui annonce alors qu'il se vengera, en lui faisant reconnaître ses torts.

- 71 : Du Bellay désigne quelqu'un et l'attaque en montrant tous ses vices et l'hypocrisie dont il est capable. Mais l'hypocrisie elle-même est un moyen de cacher un vice encore plus grave.

- 72 : Du Bellay affirme qu'à Rome, il est un peu plus facile que partout ailleurs dans le monde, y compris en France, d'apprendre. Il y a quelque chose dans l'air qui facilite cet apprentissage, mais qui peut également annuler cette facilité, à force de trop la solliciter.

- 73 : Du Bellay raconte à Gordes qu'il y a deux personnes qu'il redoute à Rome, et dont il se préserve du mieux qu'il peut.

- 74 : Du Bellay s'adresse à un interlocuteur inconnu, et lui répond qu'il se trompe : Joachim est toujours sans état, il ne peut donc ignorer ses amis, il ne sait pas comment se comporter avec les grands, et ne se soucie que d'être amical avec ceux qui s'intéressent à lui.

- 75 : Du Bellay interpelle Gordes pour lui parler des différences qu'il peut y avoir dans la nature : Gordes n'aime pas voir les pédants, quand Joachim aime les voir. Mais les entendre, c'est autre chose, et tous deux quittent celui qui s'écoute seul parler.

- 76 : Du Bellay dit que l'on préfère se moquer que louer, parce que la moquerie dit la vérité, quand la louange la dissimule. Ainsi, sans offenser celui dont on se moque, il ne faut pas se priver de la moquerie qui révèle la vérité à tous.

- 77 : Du Bellay explique à Dilliers ce qu'il cherche à faire dans ses satires : il cherche à faire rire, mais c'est un rire grinçant. Il ne peut qu'alléger la vérité que Joachim dit, celle qu'il énonce n'étant pourtant pas la plus grave.
- 78 : Du Bellay dit à Peletier qu'il ne lui parlera pas de nombreuses villes d'Italie, mais de Rome seul, gangrénée de l'intérieur, et qui recèle autant de bonnes choses que de mauvaises.
- 79 : Du Bellay établit une liste de tous les sujets dont il ne peut parler.
- 80 : Du Bellay décrit ce qu'il voit au cours d'un parcours qui le fait passer par le palais du Vatican, une banque, une rue où attendent les prostituées et enfin dans la vieille ville de Rome.
- 81 : Du Bellay raconte à Paschal l'intérieur du Vatican : le conclave, les cellules des cardinaux, le choix du pape, l'annonce de son élection, le saccage de son palais, et surtout les paris sur l'identité du prochain pape.
- 82 : Du Bellay explique à Duthier ce qu'est Rome, et Rome est tout : elle est une scène qui résume le monde, par les changements subits de fortune, par la sagacité du peuple, par la renommée, par les mœurs décalées et dépravées qui l'animent.
- 83 : Du Bellay s'adresse à Robertet pour lui apprendre que la Rome qu'il avait pu connaître n'est plus la même aujourd'hui : il y a des problèmes d'argent, plus de fête, la fin de l'animation dans la ville, la guerre menaçant d'éclater à tout moment, et avec une occupation de la ville.
- 84 : Du Bellay décrit une journée ordinaire pour un intendant au service d'un cardinal, pour ceux qui l'ignorent.
- 85 : Du Bellay dresse la liste de ce qu'il a appris à faire au service du cardinal Jean Du Bellay pendant trois ans.

- 86 : Du Bellay décrit les attitudes que doit adopter tout courtisan à Rome, très complexes, hypocrites et ruineuses.

- 87 : Du Bellay, en parlant à Mauny, essaie de comprendre pourquoi lui, qui a souvent voulu quitter Rome, n'y est jamais parvenu. Il dit se transformer en arbre dès qu'il essaie de s'échapper.

- 88 : Du Bellay pose une série de questions et se demande qui imitera pour lui les personnes, qui, par des objets, ont sauvé des héros mythologiques.

- 89 : Du Bellay confie à Gordes qu'il a l'impression de se réveiller après un long sommeil, et de découvrir qu'il a été trompé. Il exhorte alors Gordes de partir avec lui.

- 90 : Du Bellay fait part à Bouju de la comparaison qu'il établit entre les femmes de Rome et les femmes d'Anjou. Si les femmes de Rome ont des dehors attirants, Joachim sait qu'à l'intérieur, elles sont dégoûtantes. Ainsi, elles ne peuvent rivaliser avec les femmes angevines.

- 91 : Du Bellay liste tous les attraits des femmes et les applaudit, avant de s'excuser de ne pouvoir les apprécier dans l'amour.

- 92 : Du Bellay décrit tout le processus qu'utilisent les courtisanes pour séduire, de la coiffure à la couche. Mais il dit à Gordes, s'il veut en savoir plus, de s'adresser à quelqu'un d'autre que lui.

- 93 : Du Bellay s'adresse à Vénus et formule le vœu de rentrer sain et sauf en France, si le voyage a lieu. Il lui promet de lui donner sa barbe en offrande.

- 94 : Du Bellay fait une liste de toutes les situations où un homme qui les vit peut se considérer heureux. Evidemment, le plus heureux est celui qui peut échapper aux maladies vénériennes à Rome.

- 95 : Du Bellay exprime sa rancœur contre Hannibal, qui a traversé les Alpes et y a ouvert un chemin. S'il ne l'avait pas fait, Joachim explique que beaucoup de mauvaises choses auraient pu être évitées.

- 96 : Du Bellay s'adresse à la Fortune et lui dit qu'il ne veut pas devenir puissant, ni quoi que ce soit d'autre, mais seulement pouvoir rentrer chez lui avec assez d'argent.

- 97 : Du Bellay décrit des scènes où des prêtres ont essayé de libérer des femmes possédées, et ce qu'il a ressenti à les voir et à les entendre. Mais cette frayeur le quitte quand il voit d'autres moines s'occuper d'elles différemment.

- 98 : Du Bellay pose à Ronsard des questions sur la possession et les démons qui peuvent en être responsables.

- 99 : Du Bellay raconte que lorsqu'il se promène, il voit bien moins de femmes qu'à Paris : les seules femmes qu'il voit sont des prostituées.

- 100 : Du Bellay avoue à Ursin qu'il n'apprécie pas que des gens de son époque aux mœurs douteuses puissent porter des noms qui étaient fameux dans l'Antiquité. Il n'aime d'ailleurs pas son propre prénom.

- 101 : Du Bellay demande à Melin ce qu'il pense de Rome, où tout semble inversé : la peine n'est pas récompensée, c'est ne rien faire qui l'est.

- 102 : Du Bellay commente un proverbe en disant qu'à Rome, c'est tout le contraire qui se passe : n'importe qui peut y devenir pape.

- 103 : Du Bellay explique ce que le dieu de l'Amour fait au moment du deuil, en se lamentant lui aussi de la mort d'Ascagne.

- 104 : Du Bellay indique que Jules III n'était pas normal dans la vie, et qu'il ne l'est pas dans la mort. Au printemps, ce qui poussera près de lui, ce sera des légumes, puisque Jules III les aimait.

- 105 : Du Bellay rapporte qu'il ne faut pas se réjouir qu'un homme de basse extraction accède à de hautes fonctions. Et il faut encore moins se réjouir qu'un mendiant accède au cardinalat.

- 106 : Du Bellay établit une similitude entre Jupiter et le pape, à ceci près que le premier est juste, contrairement au second.

- 107 : Du Bellay raconte ce qu'il voit, et dit qu'il en veut au Temps qui détruit tout. Mais en même temps, il est vain de s'en plaindre.

- 108 : Du Bellay se met dans la peau de la statue de Pasquin et imagine ce qu'il dirait, s'il pouvait s'exprimer sur son temps.

- 109 : Du Bellay évoque la volonté qu'a eue le pape Marcel II de réformer profondément l'Eglise. Mais il est mort avant d'y arriver, et bienheureux serait celui qui pourrait achever son travail.

- 110 : Du Bellay loue Caraciol, en le disant capable de s'interposer entre les dieux et les tempêtes, et les hommes, pour rétablir la paix et la tranquillité.

- 111 : Du Bellay avoue ne plus pouvoir être sûr que quoi que ce soit puisse être décidé de toute éternité : un homme qui était un empereur puissant s'est retiré dans un cloître, quand un religieux cherche soudain la guerre.

- 112 : Du Bellay dit à Ursin qu'en voyant les travers de Rome, il repense au monde bien meilleur qu'est celui de l'*Amadis de Gaulle*.

- 113 : Du Bellay donne à Dagaut des nouvelles de Rome : la mort de Jules III, le bref papat de Marcel II et les travers du papat de Paul IV.

- 114 : Du Bellay s'adresse à un seigneur pour lui conter les malheurs de Rome : un pape qui ignore tout du dehors ou de son peuple, comme Néron qui chantait au-dessus de Rome en flamme.

- 115 : Du Bellay dit à Dagaud quelle chance il a de n'être

pas à Rome, en lui désignant ce qu'il n'a pas à affronter.

- 116 : Du Bellay supplie Dilliers de fuir avec lui Rome, inhospitalière, surtout depuis que la guerre est déclarée.

- 117 : Du Bellay compare la vie d'un homme à une flamme, qui naît, qui croît, qui faiblit et qui meurt.

- 118 : Du Bellay se dit admiratif devant une légion d'hommes qui marchent fièrement et sont fidèles, mais ne peut supporter de voir chacun chercher son intérêt dans la maladie de quelqu'un, surtout d'un pape.

- 119 : Du Bellay explique au roi quelques caractéristiques de la cour papale, tout en lui disant que seul Brusquet, son bouffon, saura mieux que Joachim lui en parler.

- 120 : Du Bellay décrit une fête du Carnaval à Rome, en désignant certains jeux et certaines activités qui y étaient pratiqués.

- 121 : Du Bellay se scandalise de la tauromachie, et du tour de garde du détachement allemand de l'armée impériale.

- 122 : Du Bellay parle à Sébillet et imagine ses sujets de discussion, en lui disant que ceux qui l'occupent, lui, sont d'une toute autre nature.

- 123 : Du Bellay rapporte les réactions face à la signature de la trêve de Vaucelles : en tant que Français, Joachim est soulagé. Mais il est énervé de la prétention du Saint-Empire, du mécontentement du pape, allié de la France, et de la médisance du peuple.

- 124 : Du Bellay raconte à Vineus ce qu'il entend dire après la trêve de Vaucelles, et lui demande son avis.

- 125 : Du Bellay rappelle ce qu'était le monde avant sa création mythologique, et établit une comparaison entre ce moment et la trêve de Vaucelles.

- 126 : Du Bellay s'adresse à la trêve et la loue, en la priant d'être le début d'une longue paix. Mais il a également des craintes, et lui dit qu'elle risque de n'aboutir à rien, donc de ne pas pouvoir empêcher la guerre.

- 127 : Du Bellay dresse une liste de tous les vices qu'il voit à Rome, sauf que la loi n'y est pas totalement bafouée.

- 128 : Du Bellay affirme ne pas pouvoir s'échapper de Rome, même s'il a déjà essayé.

- 129 : Du Bellay décrit ce qu'il voit, en se figurant qu'il rentre chez lui : tout lui est favorable, et il reconnaît plein d'amis venus l'accueillir.

- 130 : Du Bellay dit qu'il partageait les impressions d'Ulysse, qu'il se voyait déjà revenu en France. Mais il est encore à Rome, et ne sait pas s'il reviendra un jour.

- 131 : Du Bellay avoue à Morel que personne de ceux qui lui parleraient de Rome ne pourrait correctement décrire son délabrement : il n'y a que ceux qui l'ont vécu qui le peuvent.

- 132 : Du Bellay parle à Vineus d'un membre de sa famille, le duc d'Urbin, en lui donnant de grandes qualités, qui contrastent fortement avec la vie dans des lieux que Joachim a traversés pour rentrer en France.

- 133 : Du Bellay évoque plusieurs aspects de la vie à Venise : les vêtements, les bâtiments, le commerce, la politique et le ménage, non sans une certaine ironie.

- 134 : Du Bellay donne une liste de ce qui pour lui constitue de graves péchés, et dit que celui qui en a commis au moins un doit s'attendre à beaucoup souffrir s'il veut être pardonné.

- 135 : Du Bellay décrit quelques aspects de la Suisse : le paysage, les mœurs, les habitudes, les plaisirs, et avoue qu'il ne se souvient pas d'autre chose.

- 136 : Du Bellay dit à Bizet qu'il a vu des calvinistes, et les décrit comme repentant, face à tous les problèmes qu'ils rencontrent. Cependant, ils ont le mérite de ne point blasphémer.

- 137 : Du Bellay entend partager sa joie avec Scève

d'être revenu en France, et en particulier à Lyon, qu'il décrit comme florissante et impressionnante, une espèce de paradis sur terre.

- 138 : Du Bellay raconte à De Vaulx la joie qu'il a senti d'être revenu à Paris, en la disant la plus grande ville au monde, la plus riche, la plus sage. Mais son émerveillement, après être parti trois ans, fut gâché par les éléments moins nobles de la ville.

- 139 : Du Bellay donne une leçon de vie à la cour à Dilliers.

- 140 : Du Bellay donne une leçon de vie à la cour à Ronsard.

- 141 : Du Bellay donne une leçon de vie à la cour à un ami, et en particulier sur ce qu'il peut ou non écrire, et comment.

- 142 : Du Bellay donne une leçon de vie à la cour à Cousin.

- 143 : Du Bellay donne à Bizet des conseils sur l'art de réaliser des écrits satiriques.

- 144 : Du Bellay avoue à Gordes qu'il serait bien capable de jouer les courtisans, mais comme il ne le veut pas, il ne le peut pas. Il achève en priant Gordes de ne pas en vouloir à ceux qui savent.

- 145 : Du Bellay donne une leçon de vie à la cour à Belleau.

- 146 : Du Bellay évoque la difficulté pour le poète de cour de se faire valoir sans être insupportable.

- 147 : Du Bellay dit à Ronsard de ne pas se fâcher de voir imprimés beaucoup de mauvais livres : avec le temps, seuls ceux de qualité resteront.

- 148 : Du Bellay loue Des Masures, notamment pour sa traduction de certains livres de l'*Énéide* : sa traduction égale l'original.

- 149 : Du Bellay s'en prend aux courtisans en commençant par leur dire que les poètes sont comme eux, avant de préciser que les poètes sont au-dessus des courtisans.

- 150 : Du Bellay dit qu'il ne supporte pas les courtisans qui ne font que singer celui, ou ceux, qu'ils courtisent.

- 151 : Du Bellay prie quelqu'un qui le lit de ne pas se moquer de lui ou de ses sonnets, mais de lui pardonner, pour qu'il lui en soit redevable.

- 152 : Du Bellay s'adresse à Ronsard pour lui dire de ne pas prêter attention à ceux qui disent qu'ils font tous deux la même chose.

- 153 : Du Bellay dresse la liste des récompenses associées aux métiers qui les ont méritées, avant de dire à Jodelle que celle du poète est le plaisir qu'il prend à écrire, et qu'il n'en doit pas chercher d'autre.

- 154 : Du Bellay conseille à Baïf d'abandonner la poésie, qui ne rapporte que le plaisir, et de lui préférer jouer le courtisan, qui récompense bien mieux.

- 155 : Du Bellay dit à Thiard, qui a su élever son style, qu'ils doivent tous deux imiter ce style et regarder vers le ciel, et ne baisser les yeux que pour éviter les obstacles.

- 156 : Du Bellay décrit ce qu'il ressent en lisant les œuvres de Belleau, de Baïf, de Peletier, de Ronsard et de Jodelle.

- 157 : Du Bellay compare son œuvre avec celle du seigneur de Clagny, architecte, en disant que si ce dernier rénove les bâtiments, lui en construit un nouveau, combinant les quatre styles antiques, grâce à la poésie.

- 158 : Du Bellay décrit plus en détail le monument qu'il souhaite élaborer pour le roi, monument de poésie, où chaque grand poète est nommé. Et il ne manque pas d'y associer le seigneur de Clagny.

- 159 : Du Bellay flatte Diane de Poitiers pour sa propriété d'Anet, et compare le lieu à son occupante.

- 160 : Du Bellay commence par rappeler que Bertrand était aussi illustre que celui qui le servait, Salel, avant de s'adresser à D'Avanson, pour qu'il permette à Magny d'être aussi illustre que Salel, D'Avanson l'étant autant que Bertrand.
- 161 : Du Bellay fait l'éloge de Bertrand, disant qu'il le louait avant de le connaître, et le loue encore plus depuis qu'il le connaît.
- 162 : Du Bellay compare Olivier à Scipion : tous deux se sont retirés après avoir été chassés de leurs fonctions.
- 163 : Du Bellay loue Duthier pour son travail et son abnégation au service de la France, ainsi que pour la force de son amitié, qu'il a pu constater.
- 164 : Du Bellay affirme vouloir s'associer à Magny pour louer D'Avanson, indispensable à la France.
- 165 : Du Bellay désigne des qualités de D'Avanson par prétérition, avant de désigner la qualité qu'il veut directement louer : sa fidélité.
- 166 : Du Bellay s'adresse au capitaine Poulin pour le louer, disant qu'il mérite que Joachim fasse autant pour chanter ses qualités que la rumeur.
- 167 : Du Bellay fait l'éloge de Michel de L'Hospital, le décrivant comme un homme qui a mis le français au-dessus du grec et du latin.
- 168 : Du Bellay ne tarit pas d'éloge sur le duc de Guise, étant pourvu de tout ce qu'il y a de mieux et de plus grand au monde.
- 169 : Du Bellay assure à Odet de Coligny, après l'avoir loué comme un exemple de son temps, que son oncle et son frère reviendront.
- 170 : Du Bellay flatte Marie Stuart en la disant belle, mais surtout reine de trois nations, ce qui, pour Du Bellay, est un signe du destin.

- 171 : Du Bellay s'adresse à sa Muse pour lui demander plus de force et de courage, afin de pouvoir mieux exprimer ce qu'il faut dire pour correctement louer Catherine de Médicis.

- 172 : Du Bellay fait l'éloge de François II, en le comparant à Hercule : la tâche qui l'attend est aussi rude, mais il n'a qu'à suivre le même chemin.

- 173 : Du Bellay rappelle que la Grèce et Rome ont chacun leur poète-champion, mais la France est assurée de voir sa poésie bien plus vivante. Joachim en assure Jeanne III d'Albret, ne serait-ce que par les poèmes que la famille royale composa.

- 174 : Du Bellay évoque son séjour à Rome comme une punition, qui a servi à racheter tous ses péchés. Mais comme il est revenu, sous la protection de Marguerite de France, il la supplie de ne plus le faire partir.

- 175 : Du Bellay affirme que ce n'est pas obligatoirement sa naissance qui fait de Marguerite de France une reine, mais bien plus tout son être et ses qualités.

- 176 : Du Bellay fait de Marguerite de France plus qu'un être humain, se réclamant de son essence, de sa « lumière » pour vivre. D'ailleurs, Du Bellay dit qu'il n'est animé que par le désir de s'élever jusqu'à elle.

- 177 : Du Bellay commence par imaginer ce qu'il ressentirait en voyant la vertu, avant d'en appeler à Vineus pour lui confier qu'il la voit chez Marguerite de France.

- 178 : Du Bellay se livre à une réflexion sur la louange, rappelant à Mellin de Saint-Gelais que s'il en fait trop, cela pourrait lui être reproché dans le futur. Il se souvient alors de ce qu'on avait coutume de faire dans l'Antiquité.

- 179 : Du Bellay décrit Marguerite de France comme une fleur entourée de tous les maux de la terre, qui annonce le retour de l'âge d'or. Et elle serait la seule à ne pas changer.

- 180 : Du Bellay confie à Jodelle qu'il a du mal à écrire, mais que ses problèmes cessent dès qu'il se met à écrire des poèmes à la gloire de Marguerite de France. Joachim avoue ne pas savoir d'où cela lui vient, pensant qu'il est prédisposé à ce sujet.

- 181 : Du Bellay s'adresse à Ronsard pour lui conter tout ce qu'il a vu de plus beau à Rome. Mais il doit avouer qu'il ne vit rien de plus beau que Marguerite de France.

- 182 : Du Bellay médite sur la louange, et explique à Gournay qu'il n'est pas prodigue de louange, ne demandant rien en retour. À ce point qu'il souhaite éviter de louer Marguerite de France, pour éviter de s'attirer toutes les louanges.

- 183 : Du Bellay avoue à Morel qu'il rit beaucoup à lire le mauvais travail de prétendus poètes. Il en profite alors pour lui apprendre que la louange ne sert que si elle est méritée. C'est pourquoi il préfère parler de Marguerite de France.

- 184 : Du Bellay, en parlant à Bouju, fait part de sa réflexion concernant celui ou celle qui peut arriver au plus près des dieux. Comme il se sent trop faible, Joachim laisse Marguerite de France y aller, comptant tout de même la suivre, et être au moins le plus près de Dieu après elle.

- 185 : Du Bellay dit qu'il admira Marguerite de France dès qu'il la vit. Mais ce n'est qu'après avoir traversé tant d'épreuves qu'il comprit ce qu'il avait admiré chez elle.

- 186 : Du Bellay se souvient de ses premiers écrits. Mais il ne veut plus se consacrer à ces anciens sujets, et préfère chanter les louanges de Marguerite de France, avant peut-être de chanter celles de Dieu.

- 187 : Du Bellay confie à Georges Buchanan que s'il avait ses facilités, il ne composerait pas, comme ce dernier, des tragédies, mais bien des poèmes pour louer Marguerite de France, sans oublier de féliciter les dieux d'avoir fait naître une femme avec tant de vertu, comme d'avoir fait naître un homme avec tant de talent.

- 188 : Du Bellay avoue à Paschal son refus de faire appel à la mythologie et aux fables antiques pour louer Marguerite de France.

- 189 : Du Bellay établit un parallèle entre ses sonnets et un livre que Peletier vient de publier. Du Bellay dit que, comme Peletier, il voulait écrire autre chose que de la poésie, mais devant la nécessité de louer Marguerite de France, il a renoncé.

- 190 : Du Bellay rappelle que le règne de François 1er a vu la restauration des arts et des lettres, avec une riche production. Mais depuis ce temps, la guerre a éclaté, et menace à nouveau la France. Il dit alors que seule Marguerite de France pourra défendre les arts et les lettres.

- 191 : Du Bellay s'adresse à Henri II et, après avoir comparé sa puissance à celle de Dieu, il lui demande de poursuivre les largesses dont il fait de Joachim l'heureux destinataire.

- Sonnet d'un quidam contre un des précédents (136) : un inconnu se défend violemment contre les attaques de Du Bellay dans le sonnet 136, en retournant l'accusation de mensonge vers Joachim, et en lui ordonnant d'abandonner la poésie.

- 192 : Réponse de l'auteur audit sonnet : l'auteur se défend à son tour, et accuse son correspondant de l'impiété dont il l'accusait. Après tout, il n'a nommé ni ville ni personne, s'attaquant seulement à un comportement peu chrétien. Ainsi, il attaque tout comportement déplacé, et ne saurait être autre chose qu'un bon chrétien.

- 193 Autre : le poète dit qu'il laisse à Dieu le soin de juger de la foi de ceux qui l'attaquent, se chargeant pourtant de dire que son séjour ne fut pas agréable, ce qui est bien de la responsabilité des habitants et de ceux qui les gouvernent en les trompant.

- 194 Autre : le poète dit que si celui qui l'attaque s'était mieux défendu, et avait eu des raisons de défendre sa bonne foi, il aurait contredit ce qu'avait avancé le poète, et non critiqué la façon dont il le disait.

- 195 Autre : le poète dit que si son attaquant insiste, il peut continuer à se moquer de lui, d'autant plus qu'il est bien plus mauvais poète. Mais en ce qui concerne la foi de l'attaquant, ce n'est pas à lui d'en juger. Et la description qu'il fait des mœurs ne mérite certes pas de faire condamner son livre.

- 196 Autre : le poète dit que son intention n'était pas de se consacrer à un combat par sonnets interposés pour défendre son point de vue. Il tient cependant à préciser qu'en matière de dépravation morale, il n'invente rien : les habitants même de la ville dont il est question en parlent constamment.

LES RAISONS
DU SUCCÈS

Les Regrets sont parus en mars 1558, trois ans après l'élection de Paul IV au pontificat, sur fond de guerre entre l'Espagne et la France. L'homme qui règne alors en France est Henri II, qui a succédé à François 1er en 1547. Du Bellay, en bon auteur de la Pléiade, célèbre la France et le passage d'une poésie médiévale à une poésie plus « française », qui s'inspire néanmoins de formes italiennes plus anciennes. Il se montre en accord avec son époque et son mouvement littéraire, rompant avec Marot et les poètes de tradition médiévale, suivant la ligne qu'il a décidée avec ses amis de la Pléiade : Ronsard, Baïf, Belleau, Tyard, Jodelle et Peletier du Mans, qui sera remplacé à sa mort par Jean Dorat. Si Du Bellay célèbre la France, c'est également dans une perspective de courtisan. C'est l'un des aspects importants qui caractérisent *Les Regrets*, surtout à la fin de ce recueil : de nombreux poèmes s'adressent à Marguerite de France, sa protectrice. De plus, le poème liminaire, ainsi que d'autres, sont adressés au seigneur d'Avanson, et le dernier s'adresse au roi. Il a besoin de protecteurs, et, qu'il soit dans le besoin ou non, il les célébrera.

Les Regrets sont tout de suite un succès. Avant même leur publication, ils circulent à Rome et à Paris, sous forme manuscrite, ce qui permet l'hypothèse de l'indiscrétion d'un secrétaire qui serait à l'origine de cette circulation. Mais cette diffusion ne présente pas que des désavantages pour Joachim : elle a permis à un large cercle de mesurer immédiatement ce que ce recueil a d'original, ce qui ne sera pas sans influencer ceux qui y auront accès. Ce sont Magny, dans ses *Soupirs*, Jean Doublet, Jacques Grévin dans *L'Olympe* et *La Gélodacrye* notamment, Jodelle dans *Contre les Ministres de la nouvelle religion*, Nicolas Ellain, Pierre de Brach ou encore Jean Passerat qui figureront au nombre de ses successeurs, influencés par *Les*

Regrets. Ils exploiteront la possibilité nouvelle d'utiliser le sonnet comme instrument de la satire. De plus, il ne faut pas oublier que du Bellay écrit dans l'ombre de Ronsard, et il l'assume même d'une certaine manière. Ronsard est le poète doué, à qui tout sourira, ou presque, et du Bellay se voit comme l'éternel second. Ronsard publie dans la même période ses *Odes*, ses *Hymnes*, ses *Amours*, la *Continuation des Amours* et la *Nouvelle Continuation*, et c'est même à lui qu'est commandée *La Franciade*, cette épopée qu'il n'aura pas la force d'achever. Mais la production littéraire d'alors est très riche et ne se limite pas à Ronsard ou Du Bellay, même si le premier est le plus prolifique : Tyard publie en 1555 le *Solitaire second*, Baïf les *Amours de Francine*, Peletier l'*Amour des Amours* et un *Art poétique* et Le Caron les *Dialogues*, un an plus tard.

Ses sources, multiples, telles qu'Homère, Lucrèce, Virgile, Catulle, Tibulle, ou Properce, entre autres, mais surtout Horace et Ovide, l'illustrent d'une certaine manière, dans ce qu'il préférera : les œuvres secondes, notamment celles des deux derniers. Ainsi, ce n'est pas le Horace qui a composé les *Odes*, mais celui qui a composé les *Epîtres*, qu'il entend suivre. Pétrarque aussi, plus proche de Du Bellay, est présent, ainsi que les poètes néo-latins, et surtout les poètes satiriques, dont L'Arioste.

LES THÈMES PRINCIPAUX

L'un des thèmes principaux des *Regrets*, ce recueil qui se présente en quelque sorte comme le pendant inverse des *Antiquités de Rome*, est la nostalgie qu'éprouve Du Bellay, éloigné de la France. Il est non seulement nostalgique de la région qu'il a quittée, l'Anjou, à la « douceur angevine », mais également du temps qui a passé : il perd un peu plus chaque jour le goût de la poésie, de l'écriture : « Cette divine ardeur, je ne l'ai plus aussi. » Pour autant, il ne renonce pas totalement à l'écriture ; d'une certaine morosité, il fait l'instrument de réflexion et de théorisation d'une nouvelle « poétique », celle-là même qu'il nomme les « Regrets ». Il y note ses impressions, ce qu'il ressent au jour le jour, et affecte une humilité, qui n'est certes pas totalement honnête. En fait, cette poétique donne une nette coloration à de nombreux poèmes de son recueil : la satire. *Les Regrets* sont à la fois une mise en place de la satire et une réflexion théorique sur elle. Mais Du Bellay se place là dans la lignée ancienne et prestigieuse de nombreux auteurs qui ont écrit de la poésie et réfléchi sur elle : Horace, Ovide, Properce ou encore Pétrarque, pour ne citer qu'eux. Il y a deux autres « thèmes » génériques qui peuvent être dégagés des *Regrets* : l'élégie et la louange, que Du Bellay désignera également plus ou moins directement. Dans ce recueil, l'homme intime qui se dévoile prend à témoin plusieurs personnes, pour leur parler parfois de la vie que lui mène, et qu'ils ne connaissent pas, ou de la vie que d'autres mènent, et que lui ne connaît plus. Il y a encore le cas de personnes à qui il s'adresse et avec qui il a pu nouer des liens à Rome : sous couvert de s'adresser à eux, il explore un autre thème des *Regrets* : Rome, sa grandeur, sa décadence. De la vie quotidienne à de grands événements, vécus de l'intérieur – la paix, « ô bienheureuse trêve », ou la guerre : « On ne voit que soldats » –, Du Bellay dresse un portrait de la ville qui le dégoûte un peu plus chaque jour, face à la Rome passée qui n'a plus rien de visible, de reconnaissable, si ce n'est quelques ruines. Si l'on pense à la nostalgie, à l'éloignement de l'Anjou, et au cadre qui s'offre à Du Bellay, l'un des thèmes des *Regrets* est tout trouvé : le voyage – désignant également celui de l'âme sur terre. Évocations mythologiques, comparaisons avec d'autres poètes qui ont accompli des voyages, ou connu l'exil, ou même récit de voyage, celui qui ramènera Joachim jusqu'en France, avec des détours rendus nécessaires par les batailles qui s'engagent non loin, le voyage lui-même, comme tout ce qui l'entoure, est un des grands thèmes de ce recueil. Pour en être convaincu, il suffirait de lire le sonnet 31, l'un des plus célèbres, et qui débute ainsi : « Heureux qui, comme Ulysse, a fait un beau voyage. » Un thème que Du Bellay traitera également dans une autre œuvre, surtout sous le visage du poète : les courtisans. Ils sont présents à la cour de Rome, comme à la cour de France ; et ses sonnets favorisent de loin en loin l'élaboration d'une « éthique » du courtisan, qui est surtout dans l'arrêt de l'hypocrisie ambiante, ainsi que la recherche de protecteurs, pour les poètes, qui, elle, est louable. Mais la souffrance est également un autre thème : caractéristique des « regrets », elle prend différents visages : celui de la nostalgie, celui de l'exil, celui du manque d'inspiration, celui du sentiment d'être fait pour autre chose que l'intendance. La souffrance est un thème qui irrigue *Les Regrets*. Et c'est presque par elle qu'ils s'achèvent : Du Bellay souffre de ses infirmités, notamment la surdité, à la fin de sa vie, et le ton de ses poèmes s'en ressent.

ÉTUDE DU MOUVEMENT LITTÉRAIRE

Du Bellay a appartenu à ce groupe de la « Brigade » – les poètes préféraient qu'on appelle leur groupe ainsi plutôt que « Pléiade » – dont il a théorisé la direction dans la *Défense et Illustration de la langue française*, en s'opposant à l'*Art poétique* de Thomas Sebillet. Pour ce groupe, qui vise à donner ses lettres de noblesse à la France, il faut revenir à ce qui s'est passé quelques siècles plus tôt. Comme les Romains ont repris la magnificence de la culture grecque, la France doit accepter de reprendre la magnificence de la culture romaine, dans un mouvement que l'on appelle la « *translatio studii* ». Pour ce faire, les poètes, qui sont donc tous ecclésiastiques, condition suprême à l'époque pour pouvoir écrire, doivent pratiquer l'imitation, des poètes latins et grecs comme des poètes étrangers. Face aux genres médiévaux, comme le rondeau ou la ballade, il faut privilégier les genres antiques, comme l'élégie ou l'ode, ou italiens, notamment le sonnet. Enfin, face au constat d'une certaine pauvreté poétique de la langue française d'alors, et pour en encourager l'usage, il faut enrichir le vocabulaire par la création de termes nouveaux. Les emprunts à d'autres langues, régionales ou étrangères, et notamment le latin et le grec, sont autorisés, et conseillés, si les mots choisis sont adaptés en français. C'est là un tournant fondamental qui s'opère, et qui aura une influence sur les siècles à venir.

DANS LA MÊME COLLECTION
(par ordre alphabétique)

- **Anonyme**, *La Farce de Maître Pathelin*
- **Anouilh**, *Antigone*
- **Aragon**, *Aurélien*
- **Aragon**, *Le Paysan de Paris*
- **Austen**, *Raison et Sentiments*
- **Balzac**, *Illusions perdues*
- **Balzac**, *La Femme de trente ans*
- **Balzac**, *Le Colonel Chabert*
- **Balzac**, *Le Lys dans la vallée*
- **Balzac**, *Le Père Goriot*
- **Barbey d'Aurevilly**, *L'Ensorcelée*
- **Barbey d'Aurevilly**, *Les Diaboliques*
- **Bataille**, *Ma mère*
- **Baudelaire**, *Les Fleurs du Mal*
- **Baudelaire**, *Petits poèmes en prose*
- **Beaumarchais**, *Le Barbier de Séville*
- **Beaumarchais**, *Le Mariage de Figaro*
- **Beauvoir**, *Mémoires d'une jeune fille rangée*
- **Beckett**, *En attendant Godot*
- **Beckett**, *Fin de partie*
- **Brecht**, *La Noce*
- **Brecht**, *La Résistible ascension d'Arturo Ui*
- **Brecht**, *Mère Courage et ses enfants*
- **Breton**, *Nadja*
- **Brontë**, *Jane Eyre*
- **Camus**, *L'Étranger*
- **Carroll**, *Alice au pays des merveilles*
- **Céline**, *Mort à crédit*

- **Céline**, *Voyage au bout de la nuit*
- **Chateaubriand**, *Atala*
- **Chateaubriand**, *René*
- **Chrétien de Troyes**, *Perceval*
- **Cocteau**, *La Machine infernale*
- **Cocteau**, *Les Enfants terribles*
- **Colette**, *Le Blé en herbe*
- **Corneille**, *Le Cid*
- **Corneille**, *Médée*
- **Crébillon fils**, *Les Égarements du cœur et de l'esprit*
- **Defoe**, *Robinson Crusoé*
- **Dickens**, *Oliver Twist*
- **Du Bellay**, *Antiquités du Rome*
- **Dumas**, *Henri III et sa cour*
- **Duras**, *L'Amant*
- **Duras**, *La Pluie d'été*
- **Duras**, *Un barrage contre le Pacifique*
- **Euripide**, *Médée*
- **Flaubert**, *Bouvard et Pécuchet*
- **Flaubert**, *L'Éducation sentimentale*
- **Flaubert**, *Madame Bovary*
- **Flaubert**, *Salammbô*
- **Gary**, *La Vie devant soi*
- **Giraudoux**, *Électre*
- **Giraudoux**, *La Guerre de Troie n'aura pas lieu*
- **Gogol**, *Le Mariage*
- **Homère**, *L'Odyssée*
- **Hugo**, *Hernani*
- **Hugo**, *Les Misérables*
- **Hugo**, *Notre-Dame de Paris*
- **Huxley**, *Le Meilleur des mondes*
- **Jaccottet**, *À la lumière d'hiver*
- **James**, *Une vie à Londres*

- **Jarry**, *Ubu roi*
- **Kafka**, *La Métamorphose*
- **Kerouac**, *Sur la route*
- **Kessel**, *Le Lion*
- **La Fayette**, *La Princesse de Clèves*
- **Le Clézio**, *Mondo et autres histoires*
- **Levi**, *Si c'est un homme*
- **London**, *Croc-Blanc*
- **London**, *L'Appel de la forêt*
- **Maupassant**, *Boule de suif*
- **Maupassant**, *Le Horla*
- **Maupassant**, *Une vie*
- **Molière**, *Amphitryon*
- **Molière**, *Dom Juan*
- **Molière**, *L'Avare*
- **Molière**, *Le Malade imaginaire*
- **Molière**, *Le Tartuffe*
- **Molière**, *Les Fourberies de Scapin*
- **Musset**, *Les Caprices de Marianne*
- **Musset**, *Lorenzaccio*
- **Musset**, *On ne badine pas avec l'amour*
- **Perec**, *La Disparition*
- **Perec**, *Les Choses*
- **Perrault**, *Contes*
- **Prévert**, *Paroles*
- **Prévost**, *Manon Lescaut*
- **Proust**, *À l'ombre des jeunes filles en fleurs*
- **Proust**, *Albertine disparue*
- **Proust**, *Du côté de chez Swann*
- **Proust**, *Le Côté de Guermantes*
- **Proust**, *Le Temps retrouvé*
- **Proust**, *Sodome et Gomorrhe*
- **Proust**, *Un amour de Swann*

- **Queneau**, *Exercices de style*
- **Quignard**, *Tous les matins du monde*
- **Rabelais**, *Gargantua*
- **Rabelais**, *Pantagruel*
- **Racine**, *Andromaque*
- **Racine**, *Bérénice*
- **Racine**, *Britannicus*
- **Racine**, *Phèdre*
- **Renard**, *Poil de carotte*
- **Rimbaud**, *Une saison en enfer*
- **Sagan**, *Bonjour tristesse*
- **Saint-Exupéry**, *Le Petit Prince*
- **Sarraute**, *Enfance*
- **Sarraute**, *Tropismes*
- **Sartre**, *La Nausée*
- **Senghor**, *La Belle histoire de Leuk-le-lièvre*
- **Shakespeare**, *Roméo et Juliette*
- **Steinbeck**, *Les Raisins de la colère*
- **Stendhal**, *La Chartreuse de Parme*
- **Stendhal**, *Le Rouge et le Noir*
- **Verlaine**, *Romances sans paroles*
- **Verne**, *Une ville flottante*
- **Verne**, *Voyage au centre de la Terre*
- **Vian**, *J'irai cracher sur vos tombes*
- **Vian**, *L'Arrache-cœur*
- **Vian**, *L'Écume des jours*
- **Voltaire**, *Candide*
- **Voltaire**, *Micromégas*
- **Zola**, *Au Bonheur des Dames*
- **Zola**, *Germinal*
- **Zola**, *L'Argent*
- **Zola**, *L'Assommoir*
- **Zola**, *La Bête humaine*

- **Zola**, *Nana*
- **Zola**, *Pot-Bouille*

Lightning Source UK Ltd.
Milton Keynes UK
UKHW010103030720
365925UK00004B/730